Jetswart. (David) 1749

Jetswart. (David) 1749

CATALOGUE

D'un Eminent, grand & Capital Cabinet de
superbe & plaifante

TABLEAU,

*Des premiers Maitres Italiens, François & des
Païs-Bas.*

Comme auffi quelque *Bijoû*, des pierreries precieufes d'Orientale, des Images
Entique & autres, & des *Curiofitez*, plus de
l'arganterie, & montres d'Argent, & autres
effets, comme auffi un Extraordinaire
bon voilier Y*ac*, apoupe Quarrée, & un
lieu dans le port des Y*ac* du Katten-
bourg pour le plaffer, de même une
Barque, Englefe a Rame, le tout
deleffé, par le Renommé.

Connoffeur d'art & amateur

DAVID JETSWAART,

Ce qui fera vandû Mardi le 22 Avril 1749. & les jours fui-
vantes, à la maifon de HUYBERT de WITT, Hôte,
du vieux *Heeren Logement*, le matin a'9 heure & la prés
midi a 2 heure precies, par les Courtiers

DANIEL ADs. BEUKELAAR
ET
PHILIPE van der LAND.

Ches les quels ont peut avoir les *Catalogue*, & ont les deftri-
bura auffi chez HENRI de LETH, Vandeur de Cartes &
deftampes fur le pond de la bource au pécheur.
Le tout avoir 2 jours avant lavante.

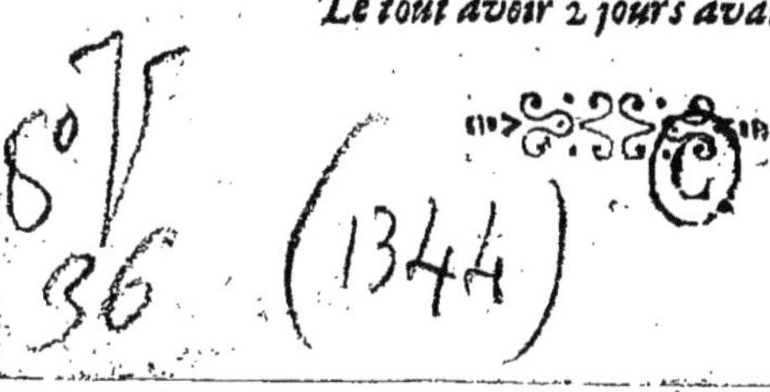

TABLEAUS.

N. 1 UNe Superbe, piece Reprefantent le Repas de Belzazar, de Paulo Veronefe, haut 3 piéds large 2 piéds 5 pouces.

2. 1 Ou l'amitié & Couronné, fuperbe & fort par Corregio, haut 5 pieds 12 pouce large 7 piéds 3 pouce.

3. 1 Bin de Diane par acteon Epier, trés Manifique de Albano.

4. 1 Dormante Venûs Nûe, trés fuperbe de Titiaan haut 1 piéds 8 pouce large 2 piéds 3 pouce.

5. 1. St. Jean avec Lagneaû, du meme.

6. 1 Hiftoire Sainte de Carel Maratti, haut 1 piéd 6 pouce, large 1 piéd 1 pouce.

7. 1 Grotte & une Ruine de Bibiano, avec des Images & Cheveaux de Salvatorrofa haut 4 piéds 5 pouce, large 6 piéds 2 pouce.

8. 1 Reprefantation du Meffage, aû Bergers, de Baffano, haut 2 piéds 7 pouce, large 3 piéds.

N. 9.

N. 9. 2 Païfage Italiens, avec des Ninffes Beiguantes, fuperbe, de Andrea, Lucatelli, haut 2 piéds 6 pouce, large 3 piéds 5 pouce.

10. 1 Dêcouverte de Califto, de Jacomo Rubuski de Tintoret. haut 2 piéds 9 pouce, large 4 piéds.

11. 1 Cicilia Jouânt, & d'autres Images, de parmifaninie, haut 1 piéds 7 pouce, large 1 piéd 3½ pouce.

12. 1 Avec des Images & Befteiaû, de Michiel Angelo de la Bataille, haut 2 piéds 7 pouce, large 2 piéds 9 pouces.

13. 1 Dito du même.

14. 1 Avec des Images & des Tantes d'armés du même.

15. 1 Famillie Sainte du Lucas Jordans, haut 1 piéd 5 pouces, large 2 piéds.

16. 1 Satir, avec des Cupidons du même, haut 5 piéds, large 4½ piéds.

17. 1 Superbe piece Reprefantant la Sainte Famillie prés de l'Enfan dans le Berfeaû de Petro Paulo Rubbens, peint dans fon meillieur Temps, haut 4 piéds 5 pouces, large 4 piéds 3 pouces.

N. 17.

N. 18. 1 Piece Repreſantent Pan & Siringa
du même, & une plaiſant Païſage avec
des Oïzeaux de Fluweele Breugel, haut
2 piéds 2 pouce, large 2 piéds 5 pouces.

19. 1 Herodiaslavec la Tête d'St. Jean, au Repas de Herode, du même, haut 1 piéd 3
pouce, large 1 piéd 8 pouce.

20. 1 Titre de larche du Prince Cardinal,
du même, haut 1 piéd 9 pouce, large 1
piéd 3½ pouces.

21. 1 Ou St. Martin diſtribůe lamoitié de
ſon habit au pauvre, trés ſuperbe de
Anthoine van Dyk, haut 2 piéds 7 pouces, large 2 piéds.

22. 1 Le Portrait d'un Veilliard ſuperbe,
du même, haut 2 piéds 7 pouce, large
2 piéds.

23. 1 Piece Capitale Repreſantent le ſoir
des trois Roïs, ou le Roy Boit, plain
d'une foule d'Images de Jacob Jordaans,
la meillieure piece qu'on aye Connu de
lui, haut 8 piéds, large 13 piéds.

24. 1 Chambre interieure avec 5 Images
étant une Chambre de couche, ou la
femme en couche tient viſite, avec beaucoup d'ornement de Gabriel Metzu, lepareil de cette piece net pas conneu,
haut 2 piéds 6½ pouces, large 2 piéds 10
pouces.

A 3

N. 25. 1 Portrait du même, par lui même fait
haut 1 piéd, large 10 pouce.

26. 1 Chambre Interieure avec 4 Images,
ou ils cetient Mufique avec des Meſſieurs
& Dames, avec Beaucoup d'ornement
Ample & fuperbe de Gerard Terburg,
haut 2 piéds 6½ pouces, large 2 piéds 10
pouces.

27. 1 Superbe piece Reprefantent un veilliard
qui défine à la lampe, par Gerard Douw
très ample, haut 1 piéd 5 pouce, large
1 piéd 2 pouce.

28. 1 Païfage montanieu avec des Images
Chevéaux, Anes & Chiens, ample & fuperbe de Philipe Wouwerman, haut 1
piéd 5 pouces, large 1 piéd 10 pouces.

29. 1 Païfage avec des Images & Chevaux,
ample par le même, haut 1 piéd 2 pouce,
large 1 piéd 7 pouce, fur du cuivre.

30. 2 Superbe pieces, l'un une Battaillie
fur terre, & lautre un Païfage, avec
des Images & Chevaux, du méme, haut
1 piéd 9½ pouces, large 2 piéds 4 pouces

31. 1 Païfage avec des Images & Chevaux,
du meme haut 1 piéd 3 pouce, large
1 piéd 1 pouce.

32. 1 Dito Comme fy deffus, dela maniere,
de Bamboots, haut 2 piéds 5 pouces,
large 2 piéds.   N. 33.

N. 33. 1 Extraordinaire, superbe piece Representant la Cour & Parc de Bruxelle, par Jan vander Heide, avec des images & petites animeaux, par Adriaan vande Velde, inventé haud 1 piéd 9 pouces, large 2 piéds & 2 pouces.

34. 1 Ou Isaac, Benit son fils Jacob. de Rembrand, haud 2 piéds 1 pouce, large 2 piéds 5 pouces.

35. 1 Ample Portrait d'un homme, du meme, haut 2 piéds 5 pouces, large 2 piéds.

36. 1 Ecrivain dans sa Chambre, du meme hant 1 piéd 10 pouces, large 1 piéd 7 pouces.

37. 1 Superbe Portrait d'un homme, du meme haut 2 piéds 4 pouces, large 2 piéds.

38. 1 Païsage, avec des images & petits animaux du meme, haut 2 piéds, large 3 piéds 5 pouces.

39. 1 Paisage avec des Images & bestieaû superbe, par David Teniers.

40. 1 Dedans, d'une maison avec des païsant fumant du meme, haut 11 pouce, large 10 pouces.

A 4

N. 41.

N. 41. 1 Dedans d'une Maison avec des paisant dumeme, 1 piéd 4 pouces, large 2 piéds.

42. 1 Table avec des Raisain, du gibié mort & vivant, ample, de Frans Snyders, haut 2 piéds 6 pouces, large 3 piéds 6 pouce.

43. 1 Table avec des fruits, étant lepareil, de Celle Cydessus, dumeme.

44. 1 Païsage avec du petits animeaux, de Adriaan van der Velde, haut 1 piéd 4 pouces, large 1 piéd 7 pouce.

45. 1 Extraordinaire piece, Represantent un Corps de garde d'Officiers, Reflechisant sur les Circonstance du temps avec beaucoup d'Ornement, ample, par Corn. Trooft 1747. haut 2 piéds, 10 pouces, large 4 piéds.

46. 1 Païsage avec des Besteiau, de Paulus Potter, haut 4 piéds, large 5 piéds 5 pouces.

47. 1 Avec des Cochons Couchant, superbe du même. haut 1 piéd 1 pouces, large 1 piéd 6 pouces.

48. 2 l'Un un Hiver & lautre Lété avec des Images & Cheveaû, de Fluweele Breugel, haut 1 piéd 5 pouces, large 2 piéds.

N. 49.

N.49. 1 Flaçon avec des Fleurs plain d'ouvrage ample, par le même, haut 1 piéd 8½ pouce, large 1 piéd 4½ pouce.

50. 1 Table avec des Fleurs, du même, haut 2 piéds 3 pouce, large 3 piéds & 3 pouce.

51. 1 Table avec plufieurs forte de Fruits & Ornements de Ab, Mignon, de fon meillieur Temps, haut 2 piéds 9 pouce, large 2 piéds 3 pouce.

52. 1 Dito du même, haut 3½ piéds 3 pouces, large 3 piéds 10 pouces.

53. 2 Dito comme Cydeffus, par le même, haut 1 piéd 8 pouce, large 1 piéd 4 pouce.

54. 2 Dito avec des Fruits & Fleurs du même, haut 1 piéd 4 pouce, large 1 piéd 2 pouces.

55. 1 Dito, Comme Cydeffus, du même, haut 1 piéd 3 pouce, large 1 piéd 7 pouce.

56. 1 Dito Comme Cydeffus, du même, haut 3 piéds 2 pouce, large 2 piéds 7 pouce.

57. 1 Dito Comme Cydeffus, du même.

A 5

N. 58.

N.58. 1 Extra superbe piece, Represantent
unc Table avec des Fruits & ôrnements
ample, de Guiljelmo van Aalst, haut 2
piéds 1 pouce, large 1 piéd 9 pouce.

59. 1 Vie Tranquille trés ample, du même,
haut 1 piéd 2 pouces, large 1 piéd 5
pouces.

60. 1 Table avec des Fruits, de Jean Davidse de Heem, haut 1 piéd 8 pouce,
large 1 piéd 6 pouce.

61. 1 Extraordinaire superbe piece Represantent, la fête de pantecôte Trés ample,
par Hans Rottenhamer, fur une plaque
de cuivre, haut 3 piéds 3 poucé, large
2 piéds 2 pouce.

62. 1 Sepulcre de Chrift, fuprenant fuperbe par Simon Voitet, Reconneû par la
Printe, haut 2 piéds, large 1 piéds 5½
pouce.

63. 2 Extraordinaire superbe pieces ample
l'une la Noffe du Cupidon & Phiché, &
lautre un Réjouïffance des dieux & des
déaiffe, de Sebaftiaan de Clerk, haut 1
piéd 7 pouces, large 2 piéds 1 pouce.

64. 1 Adam & Eve dans le Paradie avec
des Images, du même, haut 4 piéds,
large 5 piéds 8 pouce.

N. 65.

N.65. 1 Païsage Italien avec une Cascade de van Melê.

66. 1 Dito Comme Cydessus du même.

67. 2 Dito Païsages du même.

68. 1 La Fuite Vers l'Egipte, & la rencontre de Jacob & Esaû dans un Païsage sur du cuivre, de Adam Elsthamer, haut 1 piéd 4 pouce, large 1 piéd 8 pouce.

69. 1 Hieronimus, prient, dans un Païsage, sur du Cuivre, haut 7 pouce, large 5 pouce.

70. 1 Vif Bataille sur Terre, de Nicolaas Berchem, haut 3 piéds 9 pouce, large 5 piéds 3 pouce.

71. 1 Lieu de Rafrâichissement Italiens du même, dans le gout de Michiel Angelo de la Batalle.

72. 2 Capitale Païsages de J. Wildens, & avec beaucoup d'Images & Besteiau de P. P. Rubbens, haut 5 piéds, large 7 piéds.

73. 1 Ou le foi & dechiré, du Corps de Prometheus par un aigle, de Rubbens & Snyders, haut 8 piéds, large 5 piéds 5 pouce.

N. 74.

N. 74. 1 Païſage avec un Bergé jouant, & des Bergeres, ample par Willem van Mieris, haut 1 piéd 2 pouces, large 1 piéd 6 pouces.

75. 1 Petite piece d'Hiſtoire, ample de Gerbrand van den Eekhoud.

76. 1 Extra ſuperbe piece Repreſantent un Bacanal plain dimages, de Gerard de Laireſſe, haut 3 piéds 1 pouce, large 4 piéds 5 pouce.

77. 1 Ou Venus & à Juſte, avec 5 autres Images, du même.

78. 1 Capital Plafon d'avec des Images Par-deſſus un Ballusſtrade, du même.

79. 1 Lievre Mort, avec d'autre gibiés mort avec des Inſtruments de Chaſſeur, de Jan Weninx, haut 3 piéds 5 pouce, large 2 piéds 10 pouce.

80. 1 Avec des Fleurs & Feuillies du même, haut 3 piéds, large 2 piéds 10 pouces.

81. 1 Port de mer Italien avec des Images & Beſtes, de Aſſelyn Crabbetje, pas moins que Claude de la Reine, haut 2 piéds 8 pouce, large 3 pieds 7 pouce.

N. 82.

N.82. 1 Belle piece Reprefantent un Hiver avec des Images, & petits animeau, du même, haut 2 piéds 10 pouces, large 3 piéds 9 pouces.

83. 1 Païfage Italiens avec des Images & Cheveaux, du même, haut 2 piéds 2 pouces, large 2 piéds 7 pouces.

84. 1 Bataille Turc, par mer de Jan Lingelbag, haut 2 piéds 3 pouce, large 2 piéds 9 pouces.

85. 1 Port de mer Italiens, avec des Images & Befteiau du même.

86. 1 Savant ou Alchimift dans fa Chambre plain d'ouvrage & Trés ample de C. Bega, haut 1 piéd, large 1 piéd 4 pouce.

87. 2 Païfage avec des Images & petits Animeaû de Jan Glauber.

88. 1 Capital piece, ou Jofeph Conduit fon pere devant Faraon, de Ferdinandus Bol auffy bon que Rembrand, haut 5 piéds 9 pouce, large 7 piéds 9 pouce.

89. 1 Chambre Interieure, ou une Dame Lieune Lettre du même.

90. 1 Venus & Cupidon, de Govert Flink

N. 91.

N.91. 1 Heremit dans son Hermitage de Robert Griffier, haut 1 piéd 4 pouce, large 1 piéd 1 pouce.

92. 1 Ou l'Intendant destribue aux ouvriers leurs salaire, Capital, de Jan Steen, haut 4 piéds 8 pouce, large 6 piéds 7 pouce.

93. 1 Ou une Mariée & Jouché, For Crostique & plain d'Images, du même, haut 1 piéd 8 pouce, iarge 2 pieds 3 pouce.

94. 1 Avec des Masquarrade jouant dans le Clair de la Lune par la mème, haut 1 piéd 5 pouce, large 1 piéd 1 pouce.

95. Lededans d'un Maison de Paisant avec des Images du même, haut 1 piéd 4 pouce, large 1 piéd 1 pouce.

96. 1 Grotte avec des Geux, du meme.

97. 1 Capital Eglise Romaine En dé dans des Images, de Hendrik van Steenwyk, aussy bon quil y en aye un qui soit Conneû, haut 4 piéds, large 6 piéds 4 pouce.

98. 1 Petite Eglise Romaine, En de dans avec des Images, du meme, haut 10 pouce, large 15 pouce.

N. 99.

N.99. 1 Capital piece Represantent le siége & la levé du siége de la Ville de Vienne dans l'an 1683 par J. van Hugtenburg, superbe & ample, haut 6 piéds 3 pouce, large 8 piéds 8 pouce.

100. 1 Manége avec des Images & Cheveaux du meme, aussy bon que de Philipe Wouwerman, haut 2 piéds 4 pouce, large 3 piéds 2½ pouce.

101. 1 Bataille sur Terre, ample de même.

102. 1 Campement du même, etant le pareil de celle ci-dessus.

103. 1 Grand Personnage a Cheval, du même.

104. La vuê, d'une cour avec de Mrs. & Dames du même.

105. 1 Eglise Romaine, en dedans avec des Images, superbe par Pieter Neefs, haut 1 piéd 4½ pouce, large 1 piéd 9 pouce.

106. 1 Dito le dedans de même, du même, haut 1 piéd 4 pouce, large 1 piéd 9 pouce.

107. 1 Où mercur veut décapité Argus avec plusieurs Bestes, de Jordaans, haut 4 piéds, large 6 piéds 6 pouce.

108. 1 Avec des Satirs & Nimffes, du même.

N. 109.

N. 109. 1 Combat d'Amaſonnes, du méme.

110. 1 Superbe Caneaux invanté, par le même.

111. 1 La Nuit de Noël de C. Schut, comme ſi Setoint de Anth. van Dyk, haut 1 piéd 8 pouce, large 1 piéd 5 pouce.

112. 1 Païſage avec une Cascade, de Jacob Ruysdaal, & invanté par Philip Wouerman, haut 3 piéds 4 pouce, large 2 piéds 9 pouce.

113. 1 Vué d'un Village, avec des petits veſſeaux, du même.

114. 2 Païſage avec des Cascade, un de Everdingen & l'autre de Jacob Ruysdaal.

115. 1 Capital, piece Repreſantent une vûê de Amſterdam, avec beaucoup de petits veſſeaux, de Abraham Stork, auſſi bon que de Bakhuyſen.

116. 2 Vûës, l'un devant Amſterdam & l'autra devant Rotterdam, avec beaucoup de petits veſſeaux, du même.

117 La pêche de Groenland, ample & plain d'ouvrage, du même.

118. 2 Un Eaû Tranquille & l'autre un Eau agité, du même.

N. 119.

N. 119. 1 Port de mer avec des veſſeaux, du
même.

120. 1 Témpete de mer avec des veſſeaux
ſuperbe & ample de Ludolf Bakhuyſen,
haud 2 piéds, large 2 piéds 6 pouce.

121. 1 Petite mer Agité avec des Petits
veſſeaux du meme, haut 1 piéd 1 pouce,
large 1 piéd 3 pouce.

122. 1. Eaû agité avec des petits Veſſeaux
du meme.

123. 1 Hiver avec des Patineurs du meme,
haut 3 piéds 1 pouce, large 4 piéds 4
pouces.

124. 1 Ou l'ange vient prés d'Elie, de Govert Flink.

125. 2 l'Un la vûe de la Maiſon de Ville &
du Dam a Amſterdam, & lautre l'Egliſe & Marché de Haarlem, de Jan ten
Campe.

126. 2 Vûe les deh'or de Utrecht du meme.

127. 2 Vûe l'un la Maiſon de Ville a Haarlem & lautre a Delft, du meme ample
fait.

128. 1 Vûe du Faux-Bourg dans Utrecht,
du meme.

B   N. 129.

N. 129. 2 Vûe l'un devant Amſterdam & l'autre devant Rotterdam, du meme,
aprés Abraham Stork.

130. 1 Ample Païſage avec une Chaſſe au
Serf par l'eau, ſuperbe par Jean van
Huyſum, haut 3 piéds, large 3½ piéds.

131. 2 Païſage Italiens avec des petits Animeaû, ample par le meme, haut 1
piéd 5 pouce, large 1 piéd 8 pouce.

132. 2 Païſage avec des Images & Petits
Animeaû du meme, haut 2 piéds 3
pouces, large 2 piéds 10 pouce.

133. 1 Mer avec Pluſieurs Veſſeaux, En
gris, de Willem van der Velde, haut
2 piéds 2 pouces, large 2 piéds 8 pouces.

134. 2 Petite Mers avec des Petits Veſſeaux, un de Bakhuyſen, & un de W.
van de Velde.

135. 1 Table avec des Fruits, de Jean Da-
vids de Heem, haut 1 piéd 3 pouce,
large 1 piéd 9 pouce.

136. 1 Table avec des Fruits, du meme.

137. 1 Avec des Poules, & Poulais, de
Melchior de Hondecoeter, haut 4
piéds, large 4 piéds 9 pouce.

N. 138.

N. 138. 1 Avec des Oizeaux d'Eaû, du meme.

139. 1 Ample Portrait d'une jeune femme, de Hans Holbeen.

140. 1 Superbe Portrait d'homme de Frans Hals.

141. 1 Superbe Portrait d'homme, du meme.

142. 1 Dame qu'on pare de Arent de Gelder.

143. 1 Lieu de Rafraichiſſement Italiens de Bieken.

144. 1 Compagnie Joyeux dans une Chambre Interieure, de R. Brakenburg trés ample, haut 1 piéd 4 pouce. large 1 piéds 8 pouce.

145. 1 Vûe du Bois de Haarlem, de Pieter Koning, & de R. Brakenburg, inyanté, haut 3 piéds 4 pouce, large 4 piéds.

146. 1 La grande Egliſe & Marché a Haarlem, avec des Images & Cheveaux de G. Berkheyden, haut 1 piéd 6 pouce, large 2 piéds 1 pouce.

147. 1 Le de dans de la grande Egliſe, a Haarlem avec des Images du meme.

N.148. 1 Charlatan sur son Theatre du meme.

149. 1 Musicien a un Repas, du meme.

150. 1 Boutique de Boulangé avec des Images, du meme.

151. 1 Eau Tranquille avec des petits, Vesseaux du meme.

152. Le de dans d'une Maison avec des Petits Paisant de Jacob Berkheyden.

153. 2 Pandans Festons de Fleurs, ample de Pater Daniel Segers, haut 1 pied 5 pouce, large 1 piéd 8½ pouces, sur du cuivre.

154. 2 l'Un un Eau Tranquille, & l'autre un Eau agité, avec Beaucoup de Vesseaux de D. Dubbels, haut 2 piéds 7 ponces, large 3 piéds 3 pouces.

155. 1 Ou ils pechent, a la Clarté, de la l'une du meme.

156. 1 Mer Agité avec des vesseaux, du meme.

157. 1 Eau Tranquille avec des Vesseaux, du meme.

158. 1 Païsage avec un Canaux, du meme.

159. 1 Mer, avec des Vesseaux, du meme.

N. 160.

N.160. 1 Dame dans fa Chambre, en Devo-
fion, ample avec Beaucoup d'Ornement, de Delfze van der Meer auffy
bon, que Eglon van der Neer, haut
4 piéd 1 pouce, large 3 piéds 3 pouce.

161. 1 Diane avec la Deâiffe de la Chaffe,
trés ample, de Verkolje.

162. 1 Hiftoire de Ovidius, du meme aprés
Laireffe.

163. 2 Païfage avec des Petits Animeaû,
de Dirk van den Bergen, auffy bon
que Adriaan van de Velde.

164. 1 Païfage avec des Petits Animeaû,
du meme.

165. 1 Flotte d'Amiral allant a la Voille
fur le Ty devant Amfterdam, trés ample de Olibol.

166. 1 De hor d'une Maifon de Païfant
avec des Païfant Joyeux, de Adriaan
van Oftade.

167. 1 De dans d'une Maifon de Païfant
avec des Images du meme.

168. 1 De dans d'une Maifon de Païfant
avec des Images du meme.

169. 1 Païfant qui Regarde h'or d'une fené-
tre du meme.

N. 170. 1 Caneaux avec des Images & Petits Bateaux, naturel de Jacobus Effelens.

171. 1 Rievage de Mer avec des Veffeaux, du meme.

172. 1 Païfage avec des Images & Petits Bateaux, du meme.

173. 1 Mer Agité avec des Veffeaux, de Dubbels.

174. 1 Compagnie de Meffieurs & Dames, fur un lieu de Campagne, de Weninx.

175. 1 Grotte, des Images & Petits Animeaû, du meme.

176. 2 Port de mer Italiens avec des Marchands & autres, de Thomas Wyk.

177. 1 Port de mers Italiens, du meme.

178. 1 Grotte Italien avec des femmes l'avant, du meme.

179. 1 Le de dans d'une Maifon, avec des Images & Ornements, du meme.

180. 2 Ports de mers Italiens, du meme.

181. 1 Grotte avec des Gens, de Guerre, du meme.

182. 1 Païfage avec des Images, du meme.

N. 183.

N. 183. 1 Port de mer Italiens, du meme.

184. 2 Avec des Images & Cheveaux, de Pieter van Bloemen.

185. 1 Le Meſſage aux Bergés, avec Beaucoup d'Images, du meme.

186. 1 Païſage avec des Images & Cheveaux & Tantes d'Armés, du meme.

187. 2 Païſage avec des Images & Cheveaux, du meme.

188. 1 Abreuvoir avec des Images & Betes, du meme.

189. 2 Avec des Images, Cheveaux & Tantes d'Armés.

190. 2 Dito Comme Cydeſſus, du meme.

191. 1 Dame Jouant de la Muſique, de Willem van Mieres, haut 10 pouçe, large 8½ pouçe.

192. 1 Ceres dans un Païſage, de Bonen de la maniere de Schalken.

193. 1 Superbe Païſage avec un Cascade, de Aldert van Everdingen, haut 4 piéds, large 4½ piéds.

194. 1 Païſage avec des Moulins a Eaü, du meme.

N.195. 1 Compagnie Tenant Musique sur un Lieu de Campagne , de Pieter de Hooge.

196. 1 Compagnie Tenant Musique dans une Chambre Interieure, du meme.

197. 1 Chambre Interieure avec des Images & Ornements, du meme, superbe Comme sy cela estoint de Metzu, haut 2 piéds 5 pouce, large 2 piéds 1 pouce.

198. 1 Femme qui fait des Craipe, avec d'autres Images, du meme.

199. 1 Le de dans d'une Maison, ou une femme mêt un Enfan dans le Berseaû, du meme.

200. 1 Le de dans d'une Maison, ou une femme fait de la d'antelle.

201. 1 Chambre d'art, de F. Franx, haut 3 piéds 2 pouces, large 3 piéds 9 pouces.

202. 1 Piece d'un Histoire, ou Paul Déchiere, C'est vetemants , du meme, haut 2 piéds 5 pouces, large 3 piéds 3 pouces.

203. 1 Vûe d'une Cour avec de Mascarade, du meme.

N. 204.

N.204. 1 Le Bataime de St. Jean, de Cornelis van Haarlem.

205. 1 Le Repas des Dieux & déaiffes, du meme.

206. 1 Le Siécle d'or, trés ample, du meme auffy bon qui foit Conneû de lui.

207. 1 Vûe dans Venife ou il y a un Carnaval, de Momper & Francx.

208. 2 Païfage de Monper, invanté par Breugel.

209. 1 Vûe d'une cour, par levieux Moucheron & Invantés, par Adriaan van de Velde.

210. 1 Païfage du meme & Invanté, par dito.

211. 1 Ample Païfage, du meme.

212. 1 Vûe du Rin avec de Petits Bateaux du meme, aprés, Sagtleven.

213. 1 Païfage du meme, invanté par Adriaan van de Velde.

214. 2 Un Hiver, & un Eté, ample de Alexander Kerens.

215. 1 Ou Mars & écorché par Apollo, par van der Lis, fur du cuivre.

N.216. 1 Tempéte de Mer avec des Vefleaux, de Jan Maat.

217. 1 Superbe piece Reprefentent la prife de Chrift, de Jochem Uytewaal, haut 1 piéd 9 pouce, large 2 piéds 2 pouce.

218. 1 La Derniere Communion, du me-me.

219. 1 Bacchus, Venus & Cupidon, de Jacob de Wit.

220. 1 Païfage Italien avec des Images & Beftes par l'Eau, de Tempeeft.

221. 1 Païfage Italien avec des Images, du meme.

222. 1 Table avec des Fleurs & Papillions, de Maria van Oofterwyk.

223. 1 Bataillie fur terre, trés Beaû, de Pieter Wouwerman.

224. 2 Un Pilliage, & une Bataillie, fur terre du meme.

225. 1 Dame ajufté ample, de Eglon van der Neer.

226. 1 Moïze Trouvé, dans un ample Païfage fur du cuivre, dé Jacob Pinas.

N. 227.

N.227. 1 Païsage avec des Petits Animeaux, de Dirk van den Bergh.

228. 1 Le de dans de l'Eglise Nommé Nieu-wezyds Kapel, de van Vliet.

229. 1 Le de dans d'une Eglise, de Izaak van Nikkelen, & Invanté par Abra-ham Stork.

230. 1 Superbe piece, avec du gibié mort, & des Fruits de Adriaan van Uitrecht.

231. 1 Piece de Cuisine, du meme.

232. 1 Le Message aux Bergés, de Jochem Uyttewaal.

233. 1 Lot avec c'est fillies, du meme.

234. 1 Cascade, de Everdingen.

235. 2 Païsages avec des Images Joyeux de Schoonhans, haut **2** piéds 1 pouce, large 2 piéds **7** pouces.

236 1 Païsage avec des Enfans, du meme, haut 2 piéds 6½ pouce, large 6½ piéds 5½ pouce.

237. 1 Ou Hymen, Trouve les trois Ninf-tes Neûs Couchant, de Jan van Noord.

238. 1 Naturel matinée, de Aard van der Neer.

N. 229

N. 239. 1 Hiver avec des Patineurs, du meme.

240. 1 Matinée Extraordinairement Naturel du meme, haut 1 piéd 10 pouce,
large 1 piéd 7 pouce.

241. 1 Le feû, dans une ville au clair de
la Lune du même, haut 1 piéd 10
pouce, large 2 piéds 4 pouces.

242. 1 Le Clair de L'une, du même.

243. 1 Matinée, du même.

244. 1 Le feu dans une ville, du même.

245. 1 Hiver, du même.

246. 1 Naturel Caneaû, du même.

247. 1 Caneaû, avec des petits veſſeaux,
par le même.

248. 1 Adam & Evè dans le Paradie, de Jochem Uyttewaal.

249. 1 Pan & Siringa dans le Bois, de
Izaac Moucheron.

250. 1 Port de Mer Italien, de Beereſtra-
ten.

251. 1 Mer avec des Petits Veſſeaux, du
meme.

N. 252.

N.252. 1 La grande Eglife, Maifon de Ville & Marché a Haarlem, du meme.

253. 1 Capital piece Reprefantant une Compagnie Tenant Mufique de Jan Bylart.

254. 1 Capital Portrait de femme du meme.

255. 1 Fillie [par deffus un Baluftre du même.

256. 1 Capital piece avec des Enfans jouant, de Adriaan Bakker.

257. 1 Pilliage de Jan van der Bant.

258. 1 Noffe de Paifant, de Koddige Breugel.

259. 1 Grotte avec des Petits Images de Thomas Wyk.

260. 1 Piece d'Hiftoire, de van den Berg.

261. 1 Offrehande a Venus, de Willem de Poorter.

262. 1 Reveil de Lazarus de N. C. Piquenoy.

263. 1 Bin de Diane Epié par Acteon par le meme.

264. 1 Portrait d'homme Ecrivant, de Salomon de Koning.

N. 265.

N.265. 1 Eaû Tranquile avec des petits Ves-
feaux, de Jan van Capelle.

266. 1 Hiver avec des Patıneurs de Lingelbag Invanté.

267. 1 Païfage de Moucheron, Invanté
par Lingelbag.

268. 1 Piece d'Hiſtoire de Cefoſterus, de
P. Laſtman.

269. 1 Noſſe de Païfant de Gerard Lundens.

270. 1 Avec des Fruits de Frans Snyders.

261. 1 Repas des Dieux, plain, d'ouvrage de Spranger, fur du cuivre, haut
2 piéds 4 pouce, large 3 piéds 1 pouce.

272. 1 Ample Païfage avec des Images,
de Schovaarts.

273. 1 Plaifant Mufifien, trés fuperbe de
Hondhorft.

274. 1 La nuit de Noël du meme.

275. Compangnie gaï lefoir a la Chandelle.

276. 1 l'Arivé des Bergés, par le meme.

277. 1 Païfage avec des Images & Beſtes
ou Elias & Nourie, de G: de Hondecouter.

N. 278.

N.278. 1 Pilliage dans nn Païfage, de Cornelio de Waal.

279. 1 Le de dans, d'un Eglife, de van
Vliet.

280. 1 Ou il vande du Saumon, de Ugter-
velt.

281. 1 Avec des gens de guerre , dans un
lieu de Rafrechiffement , du même.

282. 1 l'Ecole de l'amour, par Willebords.

283. 1 Poiffonnerie à l'Eclufe, d'Haärlem a
Amfterdam, de Emanuel de Witt.

284. 1 Païfage, avec des Images & Cheveaû de van Harp, comme fi fetoint
de Rubbens.

285. 1 Bataillie fur mer, de Jan Maat.

286. 1 Chambre avec des Masquerâde, de
P. Quaft.

287. 1 Dame des Satir & Ninffes de Carel
Savooy.

288. 1 Piece de Famillie , du meme.

289. 1 Païfage de Moucheron, Invanté de
Willem Schellings.

290. 1 Tour de Fleurs & Fruits, de Pieter
de Ring, trés fuperbe.

N. 291.

N.291. 1 De dans d'une Maiſon de Païſant ou une femme hache des Legumes, de Hendrik Mart: Sorg.

292. 1 Bacchus, ou Cupidon & arreté par Venus, de Jan van Bronkhorſt.

293. 2 Le Portrait d'un homme & d'une femme de C. Brouwer.

294. 1 Grotte avec des Images de Breenberg.

295. 1 La Predication de St. Jean, du meme.

296. 1 Portrait d'un homme fumant de Adriaan Bakker.

297. 1 Roy Priant, de Leonard Bramer.

298. 1 Piece d'un Hiſtoire, de Colyns.

299. 1 De dans d'une Maiſon, trés naturel de Domer.

300. 1 La Baiſement de Alexandre le Grand.

301. 1 Mer avec des Veſſeaux, de Hendrik Rietſchoof.

302. 1 Capital Bataillie ſur mer de H. van Minderhout.

303. 1 La vûe de Ty devant Amſterdam plain de Veſſeaux, de Adam Silo.

N. 304.

N. 304. 1 Bataillie sur mer du meme.

305. 2 Vûe devant Amsterdam, l'un le Ty, & l'autre le de hor de l'Amstel, par le meme.

306. 2 Petite mers, du même.

307. 1 Grotte avec des Nimffes de Chasse, de Cuylenburg.

308. 1 Païsage avec des Images Nûês, du même.

309. 1 Troupeau de Montons, de M. Carré.

310. 1 Païsage avec des petits animeau ample, par le même.

311. 2 Païsage avec des petits animeau, du même.

312. 1 Païsage avec des petits animeau, du même.

313. 1 Dito du même.

314. Le dedans d'une maison de paisant avec des Images & petits animeau, de Barthol. Engels.

315. 1 Païsage avec de Images & des Bestes, du même.

N. 316. 1 Le Prinfeſſegragt avec le Koekamp
a la Haye, de Vander Hagen & des Images & Beſtes invanté, de Crabbetje,

317. 1 Païſage ample de vander Hagen, &
avec des Images & Beſtes, invanté de
Crabbetje.

318. 1 Païſage de Hakkert, & Invanté
par A. van de Velde.

319. 1 Hiver avec des Patineurs prés de la
Tour de Montalbans, de Abraham
Stork, & Thomas Heremans.

320. 1 Rivage de Mer avec des Pécheurs
& Veſſeaux, de Simon de Vlieger.

321. 1 Païſage Naturel de C: de Heus.

322. 2 Païſage avec des Images & Beſtes,
du même.

323. 2 De dans de Maiſons, avec des Images l'un un lit de mort, & l'autre une
Chambre de Couche de Barent Segen-
del, ce qu'il afait de mieux.

324. 2 Avec des Enfans jouant, du même.

325. 2 Compangnie joyeux, du même.

326. 1 Vif Bataillie ſur Terre, de Hendrik
Verſchuuring.

N. 327. 1 Ample Bataillie fur Terre du même.

328. 1 Matinée de Lieuwe Verfchuur.

329. 4 Pieces avec des Emblémes, van Octavia van Veen.

330. 1 Païfage avec des Gens de Guerre, de Elias van de Velde.

331. 1 Païfage avec des Images, du même

332. 1 Siege d'une Ville, du même.

333. 1 Le Dégré de la veillieffe, du même.

334. 1 Vif Bataillie fur Terre, du même.

335. 1 Païfage avec des Cavaliers du même.

336. 1 Lefoir des Trois Roy de David Vinkebooms.

337. 2 Lieu de Campangne du même.

338. 1 Païfage avec des Images, du même.

339. 1 Païfage avec des Images & Petits Animeau de Albert Meyering.

340. 1 Hiver avec des Patineurs, de H. de Meyer.

341. 1 Ou le Roy Salomon Offre les faux dieux, avec des Images & Ornements, de Wigmana.

C 2

N. 342.

N. 342. 1 l'Offrande de Abraham de son fils
Isaac, du même.

343. 1 Marché au Herbes de Hendrik Mommers.

344. 1 Païsage avec des Images & Bestes,
du même.

345. 1 Merché aus Herbes Romain, avec
des Images & Bestes, du même.

346. 1 Port de Mer avec des Bestes, du
même.

347. 1 Rancontre de Jacob & Rachel, du
même.

348. 2 Superbe piece avec des Images &
Poisson, par un Maitre Renomé.

349. 1 Païsage avec des Images & Cheveaux, de la manniere de Breugel.

350. 1 Veillard Lisant, de Abraham Blommert.

351. 1 St. Pierre priant du meme.

352. 1 La nuit de Noël sur du cuivre, du
même.

353. 1 Avec des Images, par un Maître
Italien.

N.354. 1 Veilliard h'or d'une fenêtre de Brekelenkamp.

355. 1 Veillie femme avec des Ligume,
du méme.

356. 1 Flaçon avec des Fleurs, de Elias
van den Broek.

357. 1 Avec des Fleurs, & petits, animeaû, du méme.

358. 1 Compangnie dans une Chambre Interieure de Rademaker.

359. 1 Superbe Païsage, de Cornelis Dek-
ker.

360. 2 Païsage Agreable, de Dirk Dalens.

361. 1 Le de hor d'une Maison avec des
Païsant Joyeux, de C. Dusart.

362. 1 Piece de Famillie de Dirk Davidse
de Santvoort.

363. 2 Païsage avec des Images, de Breugel.

364. 2 Un, des Païsant Joyeux, & un
Paisage de Pieter Breugel.

365. 1 Païsage, Montangneux, de Mom-
pei & Breugel.

N. 366.

N. 366. 1 Païfage avec des Beftes, de Abagyn.

367. 1 Païfage avec des Oizeaux, du même.

368. 1 Le de dans d'une Maifon, ou une femme Fille, van E Bourfe

369. 2 Vûe du Rin avec des Images & petits Bateaux, de Bots.

370. 1 Marché au Boeufs, def Kamphuyzen.

371. 1 Païfage avec des Images & Beftes, du même.

372. 1 Païfage avec des Beftes, du même.

373. 2 Un Païfage, & l'autre un Clair de Lune, du même.

374. 1 Table avec du gibié mort, de Feit

375. 2 Un avec des Fruits, & des Oizeaux morts, du même.

376. 1 Compangnie dans une Chambre Interieure, de Gerards.

877. 1 Le de dans d'une Maifon ou ont joux Verquer de Heemskerk.

378. 1 Le dedans d'une maifon avec des païfant, du même.

379. 1 Le dedans d'une maifon avec des petits païfants, du même.

N. 380.

N. 380. 2 Païfages avec des Images & petits animeaû, de Huisman.

381. 1 Païfage avec des Images, & Cheveaux, du même.

382. 1 Le dedans d'une maifon de paifant ou ils jouant à la main Chaude, de Jan Mienfe Molenaar.

383. 1 Ledans d'une maifon ou Ils jouant a la main Chaude, du même.

384. 1 Le dedans d'une maifon avec une Compagnie joijeux, du même.

385. 1 Dito, du même.

386. 1 Comme les viellies chante les ieunes Gafoullie, du même.

387. 2 Grande Compagnie, de Hondhorft.

388. 1 Muficien Gée, du même.

389. 1 Superbe Bataillie fur terre, de D. Stoop.

390. 1 Bataillie fur terre, du même.

391. 1 La Tantafion de S. Antoine, de Mettewich.

392. 1 Avec des Chanteur, a la Chandelle, de Nicolaas Helftokkade.

N.393. 1 Lededans d'une Eglife Romaine, avec des images, de Francois van Baden.

394. 1 Hiftoire de Ruth & Boas, de Joan Victor.

395. 1 Foire de païfant en Rumeur, du même.

396. 1 Païfage avec des Beftes, du même.

397. 1 Païfage avec des Images & Beftes, du même.

398. 2 Vûes dans le païs de frife, l'un une foire depaifant, & l'autre un Marichal, du même.

399. 2 Plaifante dito, l'un un lieu de Rafraschiffement & l'autre un Endroit pour paffer l'Eau avec un bateaû ou Bac, du même.

400. 1 Lieu de Rafraichiffement avec des Images & Cheveaux, du même.

401. 1 Ou Abigail, vient a la Rencontre du Roy David, du même.

402. 1 Païfage, avec des Images & Beftes, du même.

403. 1 Fruitiere, du même.

N. 404.

N. 404. 1 Vuê d'une Cour, avec des Images
Fleurs & oizeaux, de van Keſſel, ſur du
Cuivre.

405. 1 Vuê de la maiſon de Ville, poids
& Lamerak a Amſterdam, du même.

406. 1 Repreſantaſion du Ciecle d'or du
même.

407. 2 Dehors de maiſon avec des Images
de Gillis de Winter.

408. 1 Tante pour faire des Gauffre avee
des Images, de Emanuel de Witt.

409. 1 Embleme dans un païſage, de
Matt. Withoos.

410. 1 Païſage, de Jan van Keſſel.

411. 1 Valet décurie, qûi tient un Cheval,
de Wouwerman.

412. 1 Païſage avec des Images & Cheveaux
de Pieter Wouwerman.

413. 1 Païſage de Wynands.

413. 2 Ports de mers Italiens, de Cornelio
de Waal.

415. 1 Compagnie Eſpagnole a la Chandelle,
du même.

C 5

N. 416.

N. 416. 1 Bataillie fur Terre, de Cornelio de Waal.

417. 2 Chambre interieure avec des Images, de Marten Wulfraat.

418. 1 Clair de Lune, ou ils font du feu, de Mofes Uytenbroek.

419. 2 Avec des fleurs & fruits, de Cornelis de Heem.

420. 1 Table avec des Fleurs, du même.

421. 1 Plaifant Païfage, du vieux Hondecouter.

422. 2 Avec des Images & Chevëaux, de Hugtenburg.

423. 2 Païfage avec des Images & Chevëaux, du méme.

424. 1 Avec des Nimffes Baignant, de Cornelis Holftein.

425. 1 Païfage avec des Images, Nagants, du même.

426. 1 Vuê d'une Rangé, de veffeaux devant Amfterdam, de Arnout Smit.

427. 1 Tempete fur mer avec des veffeaux du même.

N. 428.

N. 428. 1 Mer agité, du même.

429. 1 L'alarme de gens, fort drolle, de Ja[n] van der Vinne.

430. 1 Paſage avec des Images & Cheveaux du même.

431. 1 Table avec des fruits, de W. Kalf.

432. 1 Table avec Ornements, du même.

433. 2 Tables avec des Fruits, du même.

434. 1 Portrait d'Homme, de Frans Hals.

435. 1 Herremit dans un Paiſage, ſur d[u] Cuivre, de Adriaan van Nieyland.

436. 1 Drolle de piece, de N. Neveû.

437 2 Un Alchimiſt, & une Boutique Cherugien, de Nolkens.

438. 2 Dedans de Maiſons avec des Images, du même.

439. 1 Veû au Naturel, de L. Nulk.

440. 1 Le temps de la Tuerie, de Iſaac van Oſtade.

441. 2 Veû de Jardains avec beaucoup voizeaux, de Adriaan van Olé.

442. 1 Paiſage Italiens, de Piemont.

N. 434

N. 443. 1 Naturel paiſage, du même très ſuperbe.

444. 1 Paiſage avec une Caſcade, du même.

445. 1 Port de mer avec des Veſſeaux de
Pynakker

446. 1 Paiſage du même.

447. 2 Un Chanteur avec l'Etoille & l'autre
une femme vandant des Chevrette,
de Egtbert van der Poel.

448. 1 Paiſage avec des images & petits
Animeaux, de Harmen Slagleven.

449. 1 Paiſant avec du Poiſſon, de Cornelis Sagtleven.

450. 1 Dedansd'une Maiſon de Paiſant avec
beaucoup d'Ornement, du même.

451. 1 Ou la Servante fait Connoitre St.
Pierre, au Gardes, de Zegers.

452. 1 Simon portant la Croix, du même.

453. 1 St. Pierre priant de Carel Satoy.

454. 1 Dedans de Maiſon, ou une femme
péle des Navais, de Gaasbeck.

N. 455. 1 Paisage avec des Images & Chevaux de Schovaarts, de même de Breugel sur du cuivre, haut 1 piéd 7 pouce, large 2 piéds 8 pouce.

456. 1 Dedans d'une Maison de paisant avec des Joueurs aux Cartes, de Gerard Lundens.

457. 1 Ditto, ou ils jouant au Verquer, du même.

458. 2 Avec des petits paisant, du même.

459. 1 Capital Repas de paisant, du même.

460. 1 Piece de Cuisine de Hendrik M. Sorg.

461. 1 Portrait d'homme de Bartholomeus van der Helst.

462. 1 Paisant & Paisanne en Joye de Koning.

463. 1 Paisage du même.

464. 1 Lanlévemant des Vierges par les Sabins, par un Maitre Italiens.

465. 1 Compagnie Espangnole jouant au Cartes, de Vos.

466. 1 Femme pailliarde dans le Temple de la maniere de Steenwyk.

N.467. 1 Tabel avec du gibié mort, de Cornelis Lelienberg.

468. 1 Vûe d'une duene, de Jan Loten, invanté par Lingelbag.

469. 1 Païfage avec des images & petits Animeaux de Emanuel murant.

470. 1 Avec des Papillions & Animeau, de Otto Marcéus.

471. 1 Dito du même.

472. 1 Païfage avec des Papillions & Animeaux, du même.

473. 1 Ou Cupidon Trouve Phiché d'Ormant, de Pieter moreelfe.

474. 1 Ample Païfage de Frans Poft.

475. 2 Dedans de Temples, de Bon Peters.

476. 2 Avec des Fruits & Fleurs, & Gasper Petro Verbruggen.

477. 2 Ample pieces avec des Fleurs fur du cuivre, du même.

478. 1 Païfage avec des images, de Vree.

479. 1 Vue du Rin, de C. Verdonk.

480. 1 Portrait d'homme, de Vos.

N. 481.

N. 481. 1 Portrait de Spinola, de la maniere de van Dyk.

482. 1 Table avec des Fruits & Ornements, de Barent van der Meer.

483. 1 Vue d'une Cour, de Dirk Maas.

484. 1 Bataillie sur Terre du meme.

485. 1 Païsage avec la Chasse au Serf, du même.

486. 1 Avec des Joueurs au Cartes dans une Grotte, du même.

487. 1 Grotte avec des images & Cheveaux, du même.

488. 1 Païsage Naturel, de Pieter Molyn.

489. 1 Reflaition de Jan Lievens.

490. 1 Marie avec l'Enfan, du même.

491. 1 Piece avec des Fleurs, de stuven.

492. 2 Païsage avec des Images.

493. 2 Païsage de Verbooms.

494. 1 Veilliard Lisant, de van Staveren.

495. 1 Mer Agité avec des Vesseaux, de H. Roskam.

N.496. 1 Flaçon avec des Fleurs, de J. Ro-
lius.

497. 1 Hiver Naturel, de van Hek.

498. 1 Table avec des Fruits de A. de Luft.

499. 2 Paifage de A. Klomp.

500. 2 Dito du même.

501. 1 Paifage avec des Images, & Animeau. de J. Gool.

502. 1 Ou Venus eft ajufté, ample fur du
cuivre, d'un Bon Maitre.

503. 1 Vûe d'une Cour avec une Dame
avec des Oizeaux, trés ample.

504. 1 Sainte Famillie, de Nolbertus van
Bloemen.

505. 1 Fillie & Garçon avec de Fleurs &
Fruits, du même.

506. 1 Ou Adam & Eve & Chaffé h'or du
Paradis, du meme.

507. 1 Paifage, du meme, aprés Genouls.

508. 1 Hiftoire du meme.

509. 1 Femme avec des Fruits, du meme.

N. 510.

N. 510. 1 Offrande de Cain & Abel, dans un ôvale du meme.

511. 1 Garçon & une Fille, avec des Fleurs du meme.

512. 1 Avec des Images & Fruits, du me-me.

513. 1 Vûe du Droit de mer a Amfter-dam, de Bereftraten.

514. 1 Sufanne avec les Efpions de Fabrie-fius.

515. 1 Venus & Cupidon, de la maniere de Anthony van Dyk.

516. 1 Orfés par mie les Beftes, de van Houten.

517. 2 Pieces, une Mourante Lucretia, & une Judith. avec la Tete de Hollo-ferne par un Italien.

518. 1 Sufanne avec les Efpions, d'un Maitre Italien.

519. 1 Hiftoire Reprefantant le premier jugement de Salomon, aprés Rubbens.

520. 1 Dedans d'une Eglife Romaine, de J. G. van Baden.

521. 1 Table avec des Fruits de van der Aft.

D

N. 522.

N. 522. 2 Compangnie Joyeux de Lambregt.

523. 1 Capitale piece avec des Fruits & Fleurs, de van der Aſt.

524. 1 Avec du gibié Mort & des Fruits, de Fargaſon.

525. 1 Hiſtoire dehor Ovidius.

526. 1 Achillis Entre les Vierges, ample d'un grand Maitre.

527. 1 Femme avec des Fruits & autre Images de Carel Roos, aprés Victor.

528. 2 Compangnie de Brabans, de Lambregts.

529. 2 Païſage, de Lubemski.

530. 1 Païſage avec des Images de Rynier de Vries.

531. 1 Dame Ajuſté, de la maniere de van Dyk.

532. 1 Avec des Fleurs & Fruits de Couwenberg.

533. 1 Veillie Femme, de D. Gelder.

534. 1 Païſage avec des Beſtes, de Jan van der Bent.

N: 535. 1 Avec des Fruits, de Adriaan van Uitrecht.

536. 2 Tables avec des Ornemants, de van Streek.

537. 1 Maraude dans un Païsage, de Jan van der Bent.

538. 1 Païsage de Momper.

539. 1 Dito de Ludek.

540. 2 Avec des Fleurs de van Wyk.

541. 1 Port de mer Italien, de van der Bent.

542. 1 Veilliard a la Chandelle, de Barent Luyten.

543. 1 Païsage avec des Images & petits Animeaux, de C. van Essen.

544. 2 Païsage de Brabant.

545. 2 Compangnie de Brabant, aprés Lancret.

546. 2 Dito aprés le meme.

547. 2 Petits Païsage avec des petits Animeaux, aprés Adriaan van de Velde.

548. 2 Plaïsante pieces dans des Niche aprés Douw.

N. 549.

N. 549. 1 Flaçon avec des Fleurs, de H. B.

550. 1 Païfage avec des petits Animeau &
une femme Lavant c'eft piéds, aprés
Adriaan van de Velde.

551. 1 Avec des Images, de Frans Floris.

552. 2 Païfages avec leurs Vûes, de Chalon.

553. 2 Un Eau Tranquille & un Eau agité,
aprés van de Velde.

554. 1 Hiver, de Claas Molenaar.

555. 1 Païfage avec des Masquarade, de
Loijebos.

556. 2 Garçons Rieant, de Jan Hals.

557. 1 Sainte Famillie dans un Païfage,
aprés un maitre Italien.

558. 1 Bain de Diane, de Pieter Laireffe.

559. 1 Les Trois degrés, fur du Cuivre,
aprés Rubbens.

560. 2 Une petite Demoifelle avec des
Fleurs, & un avec des Images nûes.

561. 2 Dedans de Maifon avec des Images,
de Horremans.

N. 562

N. 562. 2 Avec des Demoiſelles, de Otto Elliger.

563. 2 Dito du meme.

564. 1 Païſage de Ludek.

565. 2 Pieces Repreſantant de vie Tranquille, de Jan van Streek.

566. 1 Mer avec des petits Veſſeaux, d
Jan de Blaauw.

567. 1 La Noces de Canant par un Italier

568. 1 Dernier jugemant, de Sagemolen.

569. 1 Homme Liſant, par un maitre Italien.

570. 2 Vues, l'un un le deh'or de l'Amſt-
& l'autre, la Tour des Harens, de Ja
de Blaanw, aprés Stork.

571. 2 Ou des Perſonnes & des Oizeaux
Font Muſique, de Elliger.

572. 2 Tables avec des Ornements d'un
Italien.

573. 1 Avec des Images, de Sagemolen.

574. 1 Dito du meme.

D 3

N. 57

N. 575. 1 Avec des Instruments de Chasse, de Lemans.

576. 2 Païsage de R. Rogman.

577. 1 Vûe d'une Cour avec des Images de J. L.

578. 1 Eglise de Hans Vreedeman de Vries.

579. 1 Païsage avec des Images & Bestes, de Pieter de Breda.

580. 1 Païsage de Hercules Zegers.

581. 2 Dito de Izaak Koenen.

582. 1 Le Trouvemant de Möise, de Jurrian Ovens.

583. 1 Le Portrait de la Raine Anna par Paleiro.

584. 1 Vûe au Naturel, d'un maitre Italien.

585. 1 Païsage avec des Images & Cheve-aux, de H. ten Oever.

586. 2 Païsage des Indes Occidentales, de Frans Post.

587. 1 Pilliage d'un Chariot, de Jan Maas.

N. 588. 2 Lieu de Rafraichiſſements, de Corn.
van Eſſen.

589. 1 Maraude de Heemskerk.

590. 1 Maitre d'Ecole, de P. de Bloot.

591. 1 Portrait d'homme, de Titiaan.

592. 1 Sainte Familie, de la maniere de
Permens.

593. 1 Lieu de Rafraichiſſements, de Pieter Potter.

594. 2 Païſage des Indes Occidentales, de
Frans Poſt.

595. 2 Plaiſant pieces de Fleurs, de Pieter Kaſteels.

596. 1 Bataille ſur Terre de Jan Maas.

597. 1 Avec beaucoup des Emblemes ample fait.

598. 1 Avec des Fruits, de Adriaan van
Uitrecht.

599. 1 Avec des Fruits & Ornemants de
S. L.

600. 2 Pieces avec des Fleurs, de G.
Fergaſon.

N. 601.

N.601. 1 Païfage avec des Images & Animeau, de Schellings.

602. 1 Païfage Italien de Swanevelt.

603. 2 Un Portrait d'homme & un de
Femme, de Theodorus van Pee.

604. 1 Veillie femme de Domer.

605. 1 Ou Abigail, vient a la Rancontre
de David avec des prefants, de Jan
Victor.

606. 1 Avec des Images & Cheveaux, de
Pieter Potter.

607. 1 Table avec des Ornemants, de van
Streek.

608. 2 Pieces avec des Fleurs, de van Wyk.

609. 1 Fillie avec des Fruits, de N. van
Bloemen.

610. 1 Païfage Italiens, aprés Lucatelli.

611. 1 Païfage avec des Images & Animeaux, aprés Berghem.

612. 1 Naifance de N. van Bloemen.

613. 1 Païfage avec des Animeaû aprés van
de Velde.

N.614. 2 Avec des Masquarade de Barent
Luyten.

615. 1 La Naïsance aux Berges de Corn.
Sagtleven.

616. 1 Les Sept Miséricordes, de J. Droogsloot.

617. 1 Bataille sur mer, Entre Frank &
Michiel Kint, arrivé 1629. 12 Avril.

618. 1 Foire de Païsant, plain de Rumeur
de J. Droogsloot.

619. 1 Païsage avec des Images & Cheveaux, de la manière de Vinkeboom.

620. 1 Susanne avec les Espions, par un
Italien.

621. 1 Ou l'Ange vient chés Elie, par un
bon Maitre.

622. 1 Avec des Enfans Jouant, par de
Haber.

623. 1 Table avec des Fruits, de Heda.

624. 2 Avec des Fleurs, de P. Casteels.

625. 1 Avec des Images, de J. W. Balvis

626 1 Païsage naturel, invanté par Lin
gelbag.

D 5

N. 627

N. 627. 1 Bataille fur terre, comme Maas.

628. 1 Avec des Enfans qui Souffle des Veſſie d'Eau, aprés van Dyk.

629. 1 Païſage avec des Images comme Stoop.

630. 1 Chaſſe au Sanguillié, aprés Snyders.

631. 1 Vue ſur la Riviere de Schelde, de Momper.

632. 1 Leportemant de la Croix par Hol-ſtyn.

633. 1 Achilles Entre les Vierges, aprés van Dyk.

634. 1 Cupidon, aprés le meme.

635. 2 Ports de mers Italiens, aprés de Heus.

636. 1 Avec des Emblémes, aprés de Boe-re Breugel.

637. 1 Bachus, de Abram Janſſen.

638. 1 Avec des Poules de Jaçomo Victor.

639. 2 Avec des Images, de Jan Livens.

640. 1 Hiver, de Boere Breugel.

641. 1 Piramus & Tisbé, de Jan Livens.

N. 642.

N. 642. 1 Sept pieces de Miſericordes, de J.
Droogſloot.

643. 1 Homme d'Etude, de van de Gelder.

644. 1 Païſant avec du Poiſſon, de van
Streek.

645. 1 Piece d'Hiſtoire de N. van Bloemen.

646. 1 Avec des Berges, du meme.

647. 1 Païſage avec des Animeau de Camp-
huizen.

648. 1 Païſage avec une Cascade de Piemont.

649. 2 Avec des Emblémes de Dodyns.

650. 1 Païſage de Ludek.

651. 1 Piece de Chiminé, de J. de Maber.

652. 1 Dito avec des Fleurs.

653. 1 Bergere ſuperbe de Jan van Noord.

654. 1 Avec des Papillions, comme Otto
Marceus.

655. 2 Païſages, avec des Images & Beſtes
de la maniere de Heus.

656. 1 Marché Italien plain d'Ouvrage,
aprés Michiel Angelo.

N. 657

N.657. 1 Rivage demer avec des Poisson, de J. M.

658. 1 Veilliard Prïant, de Salomon de Braay.

659. 1 Guerrié de Lucas van Lyen.

660. 1 Païsage sur du cuivre aprés Breugel

661. 2 Païsages, avec des Animeau, aprés Klomp.

662. 2 Avec des Demoiselles, aprés Elliger.

663. 2 Un ou les Oïzeaux, & un ou les Images chante Musique, aprés Elliger.

664. 2 Avec des Images de Elliger.

665. 2 Petits Païsages avec des Images, aprés Klomp.

666. 2 Histoire de la Soeur Mennonite, aprés Jan Steen.

667. 1 Femme Gailliarde, de la Haye.

668. 2 Compangnie, de Agricola.

669. 2 Compangnie gaï, de Schendel.

670. 1 Dedans de Maison avec des Images de Bega.

. N. 671.

N.671. 1 Héremit priant de C. v. R.

672. 1 Tabel avec des Fruits & Ornement de la maniere de Mignon.

673. 1 Sainte Famillie par Jan Livens.

674. 2 Avec des Images, aprés Elliger.

675. 2 Dedans de Maison avec des Paysants, de Heemskerk.

676. 1 Avec des Messieurs & Dames, de Gerards.

677. 1 Bataille sur terre, de Kuyp.

678. 1 Hiver avec des Images, de Momper.

679. 1 Paisage Naturel avec des Femmes Nûes, par Flink.

680. 2 Paisages avec des Images, de Appelman.

681. 1 Le Portrait de Theodoor van Pee, par lui meme fait.

682. 2 Grottes de Rombout de Troijen.

683. 1 Paisage avec des Animeaû, aprés Adriaan van de Velde.

684. 2 Petites mers avec des Vesseaux, de Willards.

N. 685

N.685. 2 Marchés, un de Poules & l'autre
de Cochons, de Barent Gaal.

686. 1 Vûe d'une Cour, avec des Images
de Pieter Vinkebooms.

687. 2 Petits Païsages de Albert Meyering.

688. 1 Païsage avec des Images & Bestes,
de J. Moucheron.

689. 1 Mer agité avec des Vesseaux, de
Parcelles.

690. 1 Veillard Lisant dans un Livre, de
J. M. Molenaar.

691. 1 Païsage avec des Animeau de Collart

692. 1 Païsage avec des Images & Cheveaux, de Jan van Gooijen.

693. 2 l'Un de Bega, & l'autre de Devois.

694. 1 Veillie piece avec des Images, ample dans l'oval.

695. Jugements de Paris dans l'oval, de
Frans Floris.

696. 1 Heremit dans sa Devotion, de
Schoorpink.

697. 1 Homme Gailliard & une femme
Gailliarde.

N. 698.

N.698. 1 Dedans de Maison avec des Images comme Brekelenkamp.

699. 1 Avec des païsant Fumants, de Sorg.

700. 2 Portraits du Roy Guilliaume & Marie

701. 2 Païsage de Droogsloot.

702. 1 Table avec des Fruits de Potheuk.

703. 1 Femme avec des Fleurs dans un Nisce, aprés Tol.

704. 1 Dedans d'une Maison de païsant, de J. M. Molenaar.

705. 2 Avec des Païsant joyeux de Heemskerk.

706. 1 Enfan Jouant, de Wigmana.

707. 2 Un Homme & une Femme, de J. M. Molenaar.

708. 1 Païsage sur du cuivre, aprés Breugel.

709. 1 Avec des Images de B. V. S.

710. 2 Rivage demers avec des Pécheurs & Vesseaux, aprés Willem van der Velde.

711. 1 Païsage naturel de Pieter Molyn.

N. 712.

N. 712. 2 Compangnie de Braband, de van den Bosch.

713. 1 Avec des Soldats Jouant, de Quast.

714. 1 Païſage de Pieter Wouwerman invanté.

715. 2 Avec des Païſant de J. M. Molenaar.

716. 2 Compangnie de Braband.

717. 1 Soirée de W. Schellings.

718. 1 Rivage demer de J. Kolen.

719. 1 Vue d'une Cour, avec des Images, de Schendel.

720. 2 Vûes dans Amſterdam un de ten Oever, & un de de Graaf.

721. 4 Pieces, Repreſantant les qnatre Saiſon de l'Année, de Maber.

722. 1 Dedans d'une Maiſon avec des Joueurs de Cartes.

723. 1 Païſage avec une Chaſſe au Serf de J. Blak.

724. 1 Le paſſage de la Famillie du Prince par Ryswyk, de Eſaias van de Velde.

725. 2 Un Païſage, & un le de dans d'un Maiſon de Blommert.

N. 726.

N. 726. 1 Chambre Interieure avec des Images, de J. Berkheyden.

727. 1 Table avec des Fruits de Jan de Heem.

728. 1 Païsage Italien, aprés Rysbregts.

729 1 Tabel avec des Fruits, de Heerman van der Myn.

730. 1 Bergere avec des Fleurs, comme Schalken.

731. 2 Chambres Interieure avec des Images, aprés Gerard ter Burg.

732. 1 Table avec des Fruits, de Kalf.

733. 1 Feston avec des Fleurs, de K. L.

734. 1 Mer avec des Vesseaux de J. Knyf.

735. 1 Dedans d'une Eglise de J. van Streek.

736. 1 Païsage avec des Bestes, de van Laar.

737. 2 Canaux naturel de F. de Hulst.

738. 2 Avec des Enfans Jouant, de J. de Maber.

739. 1 Païsage de Ockers.

740. 1 Païsage avec des Animeaû de Heus.

N.741. 1 Feſton avec des Fruits de J. de Heem.

742. 1 Portrait d'homme de Vos.

743. 2 Avec des Enfans Jouant de de Maber.

744. 1 Paſage avec des Beſtes de Jan Lievens.

745. 1 Rivage demer avec des Veſſeaux,
de Karel Beels.

746. 1 Païſage avec des Beſtes de Wolfers.

747. 1 Païſage de Coljart.

748. 1 De dedans de Maiſon ou ils ce Batte, aprés Horremans.

749. 1 Païſage naturel de Verbooms.

750. 1 Noſce de Païſants de Hend. Bogert.

751. 1 Bergere de H. Blommert.

752. 1 Avec des Images & Cheveaux de Sly.

753. 1 Païſage avec des Caneaux de Verbooms.

754. 1 Vûe dans Norvége de Everdingen.

755. 1 Rivage demer avec des Pecheurs,
de Bereſtraten.

756. 1 Païſage, de la maniere de Swanevelt.

N. 757.

N. 757. 1 Païfage avec des Beftes, aprés Ber-
chein.

758. 2 Dedans de Maifon avec des Images
ou ils ce Batte, de Horremans.

759. 1 Piece avec des Fleurs de Couwen-
bnrg.

760. 1 Hiftoire de h'or Ovidius, de Carel
Savory.

761. 1 Feû dans un village de de Boere
Breugel.

762. 1 Rivage demer, avec le Suprenant
grand Poiffon, de Carel Beels.

763. 1 Repas de Payfants, de Molenaar.

764. 1 Païfage avec des Images, de Glauber.

765. 1 Hiver avec des Images, de Monper.

766. 1 Campemant devant une ville de
H. Pacx.

767. 1 Païfage de Collard.

768. 1 Païfage comme Piemond.

769. 2 Païfages avec de Bergés d'anfant,
aprés Rubbens.

770. 1 Hiver naturel de J. R.

771. 1 Le Meffage au Bergés, aprés Baffan.

E 2

N. 772.

N. 772. 1 Dedans de Maïfon, avec des Images aprés Wolfraat.

773. 2 Païfages, un de van Effen & un de Droogfloot.

774. 1 Païfage avec des Images, aprés Teniers.

775. 1 Païfages avec des Animeaû aprés Berchem.

776. 2 Païfages, un de Oudendyk & un van de Graaf.

777. 2 Un Eaû avec des petits Veffeaux de Bon Peters, & un de Williards.

778. 2 Païfages avec des Hiftoire par un Maitre Italien.

779. 1 Dito, par un Italien.

780. 1 Embleme de Frits.

781. 1 Eau Tranquille avec des Veffeaux naturel.

782. 2 Pieces des vie Tranquille de Striep.

783. 1 l'Aveneû des Bergés, aprés Baffan.

784. 2 Plaifante pieces, aprés Douw.

785. 2 Païfages avec des Animeaû de Klomp

786. 2 Dito, du meme.

N. 887.

N. 787. 2 Avec des Images, aprés Elliger.

788. 2 Dito, du meme.

789. 2 l'Hiftoire de la Soeur Mennonite aprés Jan Steen.

790. 2 Avec des Fleurs, de van Wyk.

791. 2 Dito du meme.

792. 2 Païfages de N. van Bloemen.

793. 1 **Table avec des Fruits & Ornemants,** de H. d. F.

794. 2 Avec des Images de B. Gaal.

795. 1 Femme Gailliarde de L. de la Haye.

796. 2 Avec des Oizeaux Morts, de P. Scholanus.

797. 2 Avec des Fruits de J. Baars & un avec des Fleurs.

798. 1 Flaçon avec des Fleurs de J. Pook.

799. 2 Tables avec des Fruits de Grasdorp.

800. 2 Clairs de Luna de Bots.

801. 1 Païfage avec des Animeau de Grimer.

802. 2 Bataillie fur terre de Don Charlos.

N. 803.

N803. 2 Lieu de Rafraichiffements, avec des
Images & Cheveaux de B. Gaal.

804. 1 Païfage avec des Images & Cheveaux, aprés Oudendyk.

805. 1 Homme fumant aprés ter Burg.

806. 1 Compagnie Joyeux dans le dedans
d'une Maifon, aprés Jan Steen.

807. 1 Piece avec des Images, aprés Jordaans.

808. 1 Païfage avec des Images & Cheveaux aprés Verbeek.

809. 2 Un les quatre Evangelifte, & l'autre Marie dans fa Devotion.

810. 2 Mers Agités, un de Parcellis & un
de Zeeman.

811. 2 Un les quatre Saifons, & l'autre
avec des Poiffon.

812. 2 Pieces d'Hiftoire, par un vieux.

813. 2 La Naiffance, & Marie Madelaine

814. 2 Un Païfage avec des Beftes, & un
Port demer avec des Images.

815. 2 Un Païfage & un Hiftoire.

N. 816.

N.816. 2 Un Eau Tranquille avec des Veſſeaux & un Païſage, de Bon Peters.

817. 3 Une mer, un Portrait & un des
outiels de Chaſſe, Sant Cadres.

818. 10 Pieces avec des Images, Sant Cadres.

819. 11 Pieces divers.

820. 2 Un Païſage & une Hiſtoire ſur du
Cuivre.

821. 5 Pieces, quatre Païſages, & un avec
des fruits.

822. 9 Pieces, des Cartes ou Printes.

823. 3 Pieces, deux avec des païſants & un
avec des fleurs.

824. 4 Païſages.

825. 2 Païſages.

826. 2 Païſages avec des Images & Beſtes.

827. 2 Païſages.

828. 3 Deux avec des oizeaux morts, & un,
une vie Tranquille.

829. 3 Pieces avec des Images Sant Cadres.

N. 830.

N. 830. 2 Païſages avec des Images & Cheveaux, un de Jan van de Vinne, &
un de Rogman.

831. 2 Un païſage, & un avec des Tantes
d'Armées.

832. 2 Païſages, avec des Images & Beſtes.

833. 3 Tempetes de mers avec des veſſeaux.

834. 2 Avec des païſants, un de Lundens
& un d'un autre.

835. 2 Pieces En Gris, un de der Vinne
& un d'un autre.

836. 2 Pieces avec des des fruits.

837. 2 Portraits d'Homme.

838. 2 Grands Païſages, Sant Cadres.

839. 2 Un Païſage, de Rogman, & une
piece de Famillie.

840. 2 Avec des Images & animeau, d'un
Maitre de Braband.

841. 1 La Montagne de Calvere.

842. 1 Bain de Diane.

843. 1 Avec des Images & Cheveaux aprés
Dirk Maas.

N 844

N. 844. 2 Païfages, avec des Nimffes, aprés
Berchem.

845. 2 Païfages.

846. 3 Pieces avec des Images.

847. 2 Païfages, avec des Hiftoire.

848. 2 Païfages.

849. 2 Dito.

850. 2 Dito une Bataille dans une Grotte.

851. 2 Païfages.

852. 1 Dame avec la pluye d'or, par un
Italien.

853. 2 Païfages de Braband.

854. 2 Hiftoire de h'or Ovidius.

855. 1 Dedans de maifon de païfant avec
des Images.

856. 1 Ou Faraon perie dans la mer Rouge, aprés Francx.

857. 2 Un Fuê & un Hiftoire.

858. 5 Portraits.

859. 2 Païfages, un avec des Images, & un
avec des Beftes.

N. 860

N.860. 2 Païsages, un avec des Images Nuês.

861. 2 Pieces avec des Fleurs.

862. 2 Plaisant Païsages.

863. 6 Portraits d'Hommes.

864. 2 Un Païsage & un Eaû Tranquille.

865. 2 Un Hiver de J. van Gooije, & un Tempéte de mer.

866. 3 Pieces des vie Tranquille.

867. 2 Clairs de Lune, avec des vesseaux.

868. 2 Un homme a Cheval, & un joueur de Rommelpot.

869. 5 Portraits.

870. 2 Païsages, un de Klaas Molenaar & un de Droogsloot.

871. 1 Rivage de mer de Molenaar.

872. 1 Marché avec des Images.

873. 2 Païsages avec des Histoire, un d'un maitre Italien.

874. 1 Piece d'Histoire d'un vieux Maitre.

875. 2 Un une Mer en gris, & une piece avec des Fleurs.

N. 876.

N. 876. 3 Portraits.

877. 3 Païfages.

878. 4 Pieces divers.

879. 3, 2 Païfages, & un avec des Papillions.

880. 2 un une Mer, & un Païfage.

881 3 Païfages divers.

882. 1 Avec des Joueur au Cartes Joyeux.

883. 2 Pieces avec des Images.

884. 2 Un Païfage, & une Bataille fur terre.

885. 1 Le feu de Saudome.

886. 2 Un Portrait d'Homme & une de Femme.

887. 2 Un avec des Fruits, & une Vie Tranquille.

888. 1 Piece d'Hiftoire d'un vieux Maitre.

889. 3 Un une veillie Femme avec un Chat, un ébauche fur un Blafon, & un Païfage fur du pierre.

890. 2 Un Bataillie fur terre, & un avec des Païfants.

891. 1 Femme qui grate des Carotes.

N. 892.

N 892. 3 Portraits, un avec, & 2 fant Cadres.

893. 2 Un Portrait d'homme, & un d'une femme.

894. 2 Un Hiver, & [une femme avec du Poiſſon.

895. 4 Pieces fant Cadres.

896. 4 Pieces, deux Hiſtoires, un Païſage & un avec Païſants.

897. 3 Deux avec des Fleurs & un une Compagnie.

898. 2 Avec des Inſtruments de Muſique.

899. 3 Portraits.

900. 2 Païſages.

901. 3 Un Portrait d'homme & 2 de femmes.

902. 2 Dito.

903. 5 Pieces, deux Tableaû & 3 Figures.

904. 2 Plaiſante pieces de Fleurs.

905. 2 Portraits de femmes.

906. 2 Compagnie aprés Torenvliet.

907. 2 Une Hiſtoire & un païſage avec des animeaû.

N. 90ſ.

N.908. 2 Un Païsage, de Mommers & un Astrologue.

909. 2 Un avec des Bestes de Wolfers, & un hiver de Heeremans.

910. 2 Un Musicien, & une piece de fleurs.

911. 2 Un Païsage & une Compagnie Espangnole.

912. 2 Un Païsage, & un avec des Papillions & animeaù.

913. 2 Portraits d'Homme.

914. 2 Un le Roy David, & un ou ils Brulent du feu.

915. 2 Un dedans de maison ou ils fonts des Crepes, & une piece de Fleurs.

916. 2 Un la Bontique d'un Churugien & un Portrait d'homme.

917. 2 Païsages, un de vieux Moucheron & un du vieux Hondecouter, fant Cadres.

918. 2 Un Tempete de mer, & un avec de Bestes.

919. 2 Avec de Images, un de Hoogzaa & un aprés Elliger.

N. 920

N. 920. 1 Table avec des fruits & ornements.

921. 1 Dedans demaiſon avec des païſans joyeux de Dipzaam.

922. 1 Feſton avec des fruits, & J. de Clanus.

923. 1 Paintre dans ſa Chambre, de Job Berkheiden.

924. 2 Compagnie joyeux, de Barent Luiten.

925. 1 Compagnie Tenant muſique, de Willem Sehellings.

926. 1 Rivage demer avec des veſſeaux, de Willards.

927. 1 Bachanal de Carel Savooy.

928. 1 Plafond.

929. 1 Paravent peint, avec quatre feuillies, ou portes.

Perles.

Perles.

N. 1. 1 BOite avec 178 Perles.

2. 1 Dito avec 131 Tant Goupillié que défait.

3. 3 Epaingles d'Or de Perles

Joyaux.

4. 1 Croix avec 24 Diàmants.

5. 1 Dito avec 15 dito.

6. 1 Pair de Boucle d'Oreilles avec 80 dito.

7. 1 Bague avec 7 Brillians.

8. 1 Dito avec 9 Diamans.

9. 1 Agraffe avec 9 dito.

10. 1 Dito avec 7 dito.

11. 1 Diamant dans son Etui, pour une Coulisse.

12. 2 Epaingles d'or avec 2 Diamants.

13. 1 Egreté avec 8 dito, & quelque pierres de Couleurs.

Pierres

Pierres Précieuses & Curiositez.

N.14. 1 Boîte avec 12 Rubis.

15. 1 dito avec 120 dito.

16. 1 dito avec 34 dito.

17. 1 dito avec 6 Saphir Bleü.

18. 1 dito avec 12 dito.

19. 1 dito avec 8 Hiasintes.

20. 1 dito avec 18 dito.

21. 1 dito avec 14 Améthyste.

22. 1 dito avec 41 dito.

23. 1 dito avec 10 Garnades.

24. 1 dito avec 32 dito.

25. 1 dito avec 34 dito.

26. 1 dito avec quelque unes dito.

27. 1 dito avec 12 Agathes.

28. 1 dito avec 44 dito.

29. 1 dito avec 37 dito.

N. 30. 1 Boîte avec 16 pierres de Cornaline.

31. 1 dito avec 28 dito.

32. 1 dito avec quelque unes dito.

33. 1 dito avec 9 paire de manche de Conteau de Cornaline.

34. 1 dito avec 10 paire dito.

35. 1 Dito avec 75 poires de Cornaline aiguisé.

36. 1 Dito avec 78 dito.

37. 1 Dito avec 10 placques, Tant de Cornaline que de l'avanturine.

38. 1 Dito avec 350 grains de Cornaline Rouge aiguisé.

39. 1 dito avec 200. manches de Cornaline.

40. 1 dito avec 115 dito.

41. 1 dito avec des Endommagés dito.

42. 1 dito avec un Colier de grains de Cornaline Blanc.

43. 1 dito avec 88 grains défait, de dito.

44. 1 dito avec 525 dito Brutes.

45. 1 dito avec diverse dito.

F

N. 46.

N.46. 1 dito avec 200 Garnades Brutes.

47. 1 dito avec quelque unes dito diverſe.

48. 1 Collier de Garnades dito.

49. 1 dito dito.

50. 1 dito.

51. 2 dito.

52. 1 Collier de Corail.

53. 2 Images, & un pacquet de Corail.

54. 1 Boite avec quelque Corail.

55. 1 dito avec des grains d'Ambre.

56. 1 paire de Braſſelets avec Turquoiſe.

57. 1 Boite avec 16 Portraits antiques.

58. 1 Couteau & une Fourchette avec des
Manches d'Agathe.

59. 2 Boites avec des petite Cuvettes.

60. 2 dito avec dito.

61. 4 Pieces dito, tant Cuvettes, que placques.

62. 2 Placques d'Agathe.

N.63. 2 Plaques d'Agathe.

64. 3 dito.

65. 1 dito.

66. 7 Manches dito.

67. 1 Boite avec trois pieces de Jaſpe.

68. 1 Grande piece de Jaſpe brute.

69. 1 dito.

70. 1 Etuï avec 4 Couteaus avec des Manches de Jaſpe.

71. 2 Couteaus avec des Manches de l'avanturine.

72. 1 Boite avec 20 Agraffes, d'avanturine.

73. 1 dito avec 20 dito.

74. 1 dito avec 20 dito.

75. 1 dito avec 20 dito.

76. 1 dito avec 20 dito.

77. 1 dito avec 22 dito.

78. 1 dito avec 28 dito.

79. 1 dito avec 26 dito.

N. 80.

N.80. 1 dito avec 29 dito.

81. 1 Boite avec 54 Agraffe, d'avanturine.

82. 1 Dito avec 3 Plaques de Criftal.

83. 1 Dito avec 5 places de nacre de perle Tant gravé, que unie.

84. 1 Dito avec 31 Pierres de Criftal.

85. 1 Dito avec 14 dito.

86. 1 Dito avec quelque unes dito.

87. 1 dito avec 111 Doublettes.

88. 1 dito avec 35 pierres fauffe.

89. 1 dito avec 32 dito.

90 1 dito avec 50 dito.

91 1 dito avec quelque unes dito.

92 1 dito avec dito.

93 1 dito avec diverfe pierreries.

94 1 dito avec un bac, avec diverfe dito.

95. 1 dito avec des Caillious, ôriantales.

96. Quelque Perles fauffes.

N. 97.

N·97. 7 Pierres naturels.

98. 5 dito.

99. Quelque Bagatelles,

100. Quelque dito.

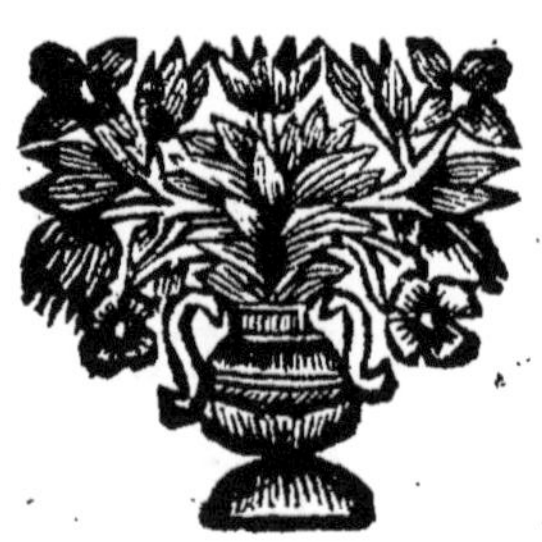

Au-

Autres Curiositez.

N. 101. 1 Grande Lunette d'aproche, avec son but.

102. 1 dito.

103. 1 dito.

104. 1 dito.

105. 1 Superbe pierre d'aimant.

106. 1 dito.

107. 1 Mezure de diamans , pour groffe pierres.

108. 1 Banc, de Lapidaire.

109. 1 Ballance de Carat, & une Ballance avec quelque poids, Couteaû & Pincette.

110. 1 Ballance de Carat , Trois Pierres de Touche, une pierre a Aiguifer , & une pincette.

111. 1 Coffre avec des outils de Cuivre, pour un Banc a fier des diamans.

112. 2 Coffres avec des outils pour un banc d'Aiguifeur de Rubis.

N. 113.

N.113. 5 Coffres avec des outils de Fers.

114. 1 Bac avec du Corail Endommagés & un Billot.

115. 1 Moulin d'Orfévre, ou autrement dit (L feu) Moulin.

116. 1 Etaû de fer, avec son Banc de bois.

117. 1 Ballance de Cuivre, & poids.

118. 1 Bac, & une Boïte, avec diverse ouvrages de Cuivre, pour les montres.

119. 7 Feuillie d'Ecaillie.

120. 1 Boïte avec de l'ancre des Indes.

121. 1 Etuï avec 2 Gannifs.

122. 1 Couteaû & une Fourchette.

123. 3 Manches d'Ivoire.

124. 2 Boïtes & un Manche.

125. 1 Plaisant Gobelet, Boïte de Cuivre, & un Coffret d'Ivoire.

126. 2 Boïtes & une petite Statuë.

127. 7 Pieces, Tant, Etuïs, Boïtes, Se-rure &c.

F 4

N. 128.

N.128. 1 Boite avec quelque Bagatelles.

129. Quelque Epée, & des Gaines.

130. 1 (Kanne) avec de largent vif.

Anti-

Antiquités de Cuivre, Marbre, &
Autres Images.

N. 1. 1 ANtique Statuë de femme, avec
son pié de bois.

2. 1 dito un Cheval & un bouc.

3. 2 dito, Chinois.

4. 3 dito, des Beftes, avec des Chinois
deffus.

5. 1 dito, Chinois.

6. 2 dito, dito.

7. 2 dito, dito.

8. 2 dito, dito.

9. 2 dito, dito, affies fur des Tortues.

10. 4 dito, petits démons, on faux dieux.

11. 5 dito Empereurs Romains.

12. 4 dito, dito.

13. 2 dito, Chandelliès d'Chinois.

14. 2 dito, Statuës avec des piéds de Bois.

15. 3 dito, dito, fur dito.

16. 3 dito, dito, fur dito.

F 5

N. 17.

N. 17. 2 dito, dito fur dito.

18. 2 dito, dito.

19. 4 dito.

20. 4 dito.

21. 1 dito, Dragon fur fon piéd.

22. 1 Enfan Couchant de Marbe, fait par Quellien.

23. 1 Tête de jeune homme de marbe, du même.

24. 1 Images de Chrift d'ivoire.

25. 1 Muficien jou'ant de Cuivre.

26. 1 Homme a Cheval fur fon piéd.

27. quelques ftatuës de Pierre.

28. 2 Plaques de Cuivre, & une images.

22. 1 Boîte avec 80 Medaillies de plomb.

Curiofitez d'Or & d'Argant.

N. 1. 1 Tabactiére Noire, avec un Cercle d'Or.

2. 2 Boëtons de Manche avec des pierres de Garnade.

3. 1 Tabactiére d'Argant avec une plaque d'Agathe.

4. 1 Dito de Nacre de Perle avec un Cercle d'Argant.

5. 1 Etuï avec divers Ornemants dedans.

6. 2 Eperon d'Argant.

7. 1 Antique Medaillie d'Argant dans une Boite.

8. 1 Livre Garnie d'Argant d'Oré.

9. 3 Aiguilles de Touche, un avec de l'Or & deux avec de l'Argant Garnie.

Mon-

Montres.

N. 10. 1 Montre d'Argant.

11. 1 dito.

12. 1 dito.

13. 1 dito avec une Caſſe d'Ecaillie.

14. 1 dito de Cuivre.

Quel-

Quelque Meubles.

La ou il y à parmi.

N. 1. 1 Coffre ford, defer avec fon pié de Bois.

2. 1 Cabinet de Bois de Débéne Noir avec fon pié & Tiroirs.

3. 1 dito fant pié.

4. 1 Grand Tapie.

5. 1 Voille pour metre fur le pavé.

6. 1 Miroir avec un Cadre Rouge.

7. 1 Pupitre avec un Armoire au Lettres.

Un

Un YAC apoûpe QUAREÉ, bon voil-
lié, fant pareil, avec c'eſt funin long
de létrave á létambord de 40 piéds,
profond & large à l'avenant, avec
c'eſt plomb, quille, parmi pé-
fant apeux prés 1600 ₶,
avec ce qui fuit.

1 Grande voille Néuf.
1 Mitoyen & grand Miſaine presque Neuf.
1 Petite voille Tanné.
1 Batton de Pavillon, avec un parvillion,
    petit Pavillon dn Mât &c., & autre
    Inſtruments.
1 Mât de Beaupré avec fon Gaillardet & ce
    qui Conſerne.|
1 Pavillon du Prince.
23 Pieces de plomb pour l'eſt & bien 1000 ₶
    de plomb fur le Mât.
6 Pieces de Canons defers gravés, avec
    leurs affuts.
Une Pompe de Cuivre.
2 Perches, 3 Crochet, 1 petit Seau pour
puiſer de l'Eau, un Vadrouille.
1 Compas, & un pot pour le feû, de plus
Tout ce que l'on faira, voir aux Ache.
teurs.

N. 2. 1 Parfaite plaſce danŝ le meillieur du
Port des Yac du Kattenborg, Marqué
N. 4.

3. 1 Superbe petit bateaû Englais avec 2
pair de Rames.

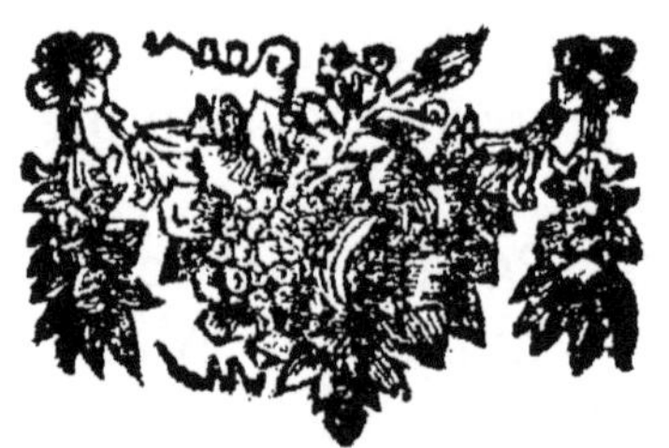

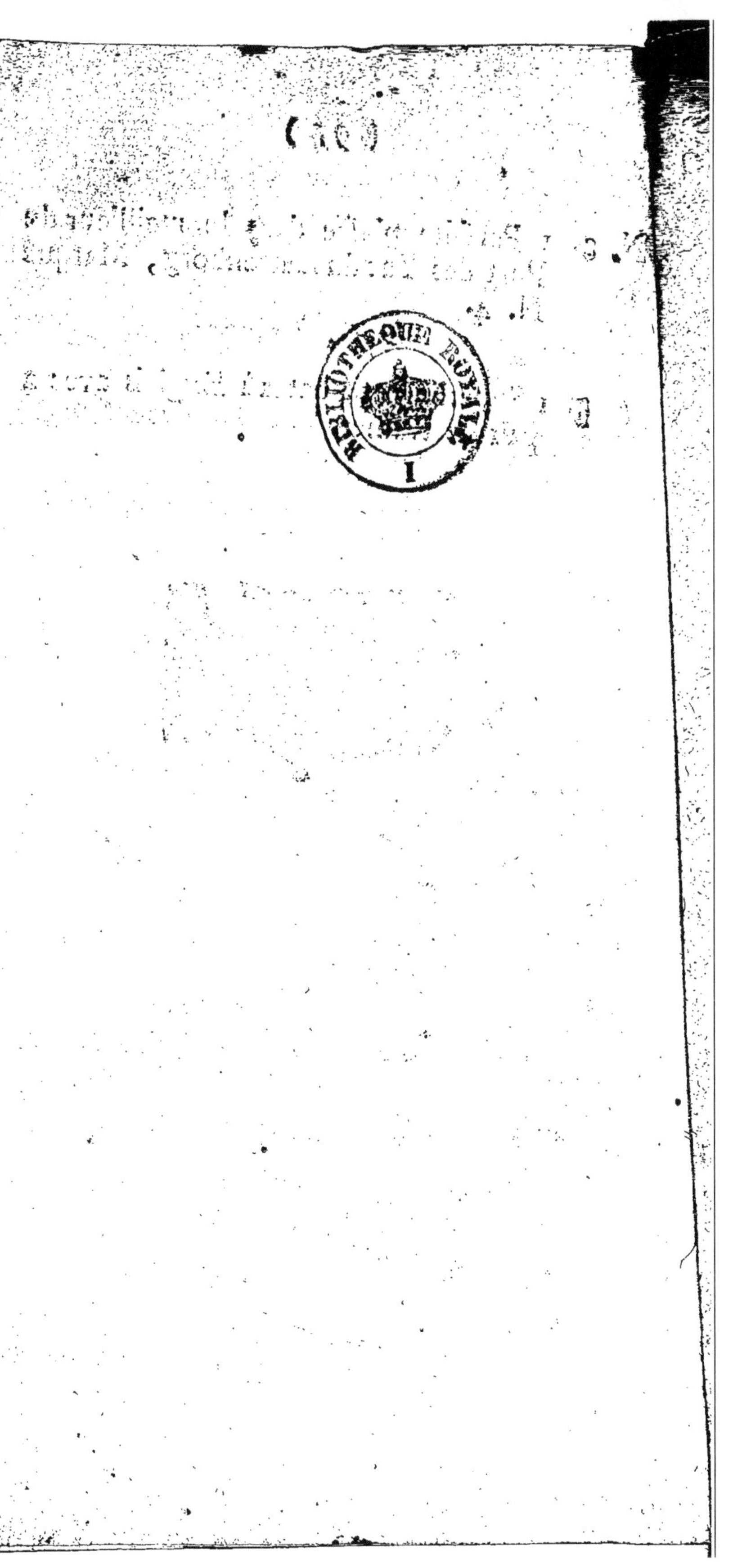

www.ingramcontent.com/pod-product-compliance
Ingram Content Group UK Ltd.
Pitfield, Milton Keynes, MK11 3LW, UK
UKHW020019100726
13658UKWH00002B/986